I0464019

101 Moyens Faciles pour Augmenter vos Ventes

Slavica Bogdanov

AUTRES LIVRES DU MÊME AUTEUR

Be Free! Keys to success in Every Aspect of
Your Life
Conversations avec les Anges 1 and 2
101 Moyens faciles de sauver du temps
101 Moyens faciles de sauver de l'argent

Petit Cahier d'exercices sur la Loi de
l'Attraction

À tous ceux qui ont contribué à mes
immenses succès en ventes

CONTENTS

Pour être le meilleur en vente, il suffit de toujours prétendre que l'on vient de manger et de toujours avoir faim.

INTRODUCTION

L'intention de ce livre est que vous deveniez le meilleur vendeur possible. Vous pouvez toujours vendre plus et, par conséquent, atteindre vos objectifs plus rapidement.

J'ai entrepris ma carrière en vente à l'âge de 10 ans au sein de l'entreprise familiale. J'ai plus tard passé 15 ans en ventes et développement des affaires. Top vendeur dans chacune des compagnies, j'ai rapidement gravi les échelons.

Que vous soyez un vendeur interne ou sur la route, dans un magasin de chaussures ou un détaillant automobile, ce livre est pour vous. Ce livre a pour but d'augmenter vos ventes, peu importe le domaine de vente, avec des individus ou des entreprises.

Il y a une compétition beaucoup plus féroce aujourd'hui qu'il y a quelques années de cela. Il semble plus difficile de vendre. Vous avez besoin d'outils afin d'améliorer vos ventes dans n'importe quel type d'économie. Vous avez besoin d'être le meilleur qu'il soit pour vous tenir au dessus de la compétition et de la concurrence.

Avec 101 moyens faciles pour augmenter vos ventes, vous allez acquérir des moyens de vos distinguer de votre compétition. Vous apprendrez à fermer des ventes plus rapidement et plus adéquatement. Vous apprendrez à vendre dans n'importe quel type d'économie.

La vente est une qualité acquise et plus vous apprendrez les rouages de ces tactiques de vente prouvées efficaces, plus rapidement votre salaire augmentera.

Les vendeurs qui ont réussi maîtrisent ces techniques. Vous aussi vous en êtes capables. De la prospection à la fermeture de la vente, vous pouvez être le meilleur.

Si vous travaillez dans le domaine de la vente, c'est parce que vous croyez que votre revenu est directement proportionnel aux résultats que vous obtenez. Dans ce livre condensé, je vous offre des méthodes prouvées pour produire de meilleurs résultats rapidement.

Il y a plus de 101 manières d'améliorer vos ventes. Utilisez-en une à la fois et entraînez-vous à sa maîtrise. Une fois que vous l'avez incorporé dans votre routine de vente, passez à la suivante, et ainsi de suite, jusqu'à ce que vous deveniez le numéro un vendeur de votre entreprise.

1 PROSPECTION

Beaucoup de gens pensent être des vendeurs hors pair parce qu'ils sont bons à socialiser. La vente est une combinaison de plusieurs talents acquis, pas seulement le fait de pouvoir parler facilement avec les gens. Un des talents avec lequel beaucoup de vendeurs ont de la difficulté est la prospection.

1- Chaque personne est un client potentiel. Si vous êtes un vendeur, vous devez penser "ventes" 24/7, surtout si vous êtes payé à la commission. Vous ne vendez pas de 9 à 17 heures! Vous vendez tout le temps. Tout le monde est un acheteur potentiel. Portez vos cartes professionnelles sur vous où que vous alliez. La serveuse au restaurant, le commis à la réception... Soyez aimable avec les gens qui vous entourent, car ils pourraient bien faire partie de vos prochains clients.

2-

3- La prospection est un jeu de nombres. Plus vous augmentez votre liste de clients potentiels, plus vous avez fait de propositions et plus vous avez des offres sur la table, plus vous en aurez qui seront accepté.

4- Gardez votre entonnoir rempli de clients potentiels. Ne travaillez pas seulement les clients existants, mais cherchez en toujours de nouveau. Il y a des risques que vous perdiez certains de vos clients existants, que ce soit parce qu'ils sont partis chez votre compétiteur, qu'ils aient déménagé ou sont décédés. Vous devez toujours garder l'oeil ouvert pour trouver de nouveaux clients qui viendront remplacer les anciens ou s'ajouter au nombre. Si votre entonnoir est plein, vous dépendrez moins sur un nombre restreint de clients pour vous offrir les ventes et atteindre vos objectifs. Cela vous donnera plus de confiance en vous et vous permettra, par conséquent, d'avoir plus de ventes.

5- Par rapport à la peur que la plupart des vendeurs ont quant aux appels à froid, rappelez-vous que le pire qui peut se produire est que la personne à l'autre bout du fil vous dise "non". De toute manière, si vous faites des appels à froid de nos jours, vous serez déjà un pas en avant sur la compétition parce que tout le monde en à peur comme de la peste et utilise les courriels à leur place. Avoir le courage d'appeler un client potentiel à froid s'est être un pas plus près d'une vente supplémentaire.

6-

7- Prononcé le nom de votre client correctement. Il n'y a rien qui ruine une première impression autant que de se tromper sur le nom. Cette personne pourrait s'en souvenir davantage que le sujet de votre conversation. S'il s'agit d'un nom difficile, entraînez-vous et demandez à votre client de le prononcer avant de vous y aventurer. Le client sera heureux que vous ayez pris cette précaution.

8- La première impression compte pour beaucoup. Habillez-vous pour impressionner, portez des chaussures impeccables (la plupart des gens jugent les vendeurs à leurs chaussures)

9- Souriez. Si vous êtes au téléphone, utilisez un miroir quand vous parlez. Souriez quand vous rencontrez votre client et souriez tout le temps. Vous devez vous montrer heureux et enthousiaste..

10- Laissez vos problèmes à la maison. En tant que vendeur, vous devez montrer une attitude positive en tout temps et ne jamais vous plaindre (surtout pas à votre client). Vous devez toujours être de bonne humeur quand vous parlez aux clients. Si vous avez une mauvaise journée, travaillez au bureau et ne faites pas de prospection.

11- Investissez dans un bon système de suivi client CRM (Customer Relationship Management) et utilisez-le. Beaucoup de vendeurs gardent des listes de clients, mais ne font rien avec elles. Ces listes sont semblables à des pages de bottins si vous n'y ajoutez pas vos commentaires et des dates de suivi. Vous devez les utiliser pour faire des suivis réguliers avec vos clients potentiels. Vous n'allez peut-être pas rejoindre vos clients à la première ou deuxième tentative.

12- Devenez amis avec les ''gardes'': Conjoints, secrétaires, portiers... Soyez aimable et attentionné envers ceux qui vous procurent l'accès au preneur de décisions dans l'achat.

13- Parler au preneur de décision. Parler au dirigeant de la compagnie ou à celui qui détient le pouvoir d'achat dans la maison. Vous pouvez faire votre présentation à l'influenceur des choix de ventes, mais ne le laissez pas rapporter votre pitch de vente au décideur. C'est votre rôle.

14- Préparez-vous mentalement avant chaque appel de prospection. Chaque fois qu'un client rentre dans votre entreprise, rappelez-vous qu'il pourrait être votre plus gros client. Chaque fois que vous appeler un client potentiel sera pourrait déboucher sur votre plus grosse vente. Préparez-vous mentalement pour l'éventualité positive qui se cache derrière chaque appel. Beaucoup pensent négativement avant un appel. Ces pensées créées plus de chance de vous faire rater votre appel. Vous devez garder un esprit positif et gardez en tête que cet appel pourrait se résulter en un ''oui''.

15- Ne jugez pas le client potentiel. Votre rôle est d'impressionner le client pas le contraire. Vous pouvez voir une personne mal habillée ou mal coiffée simplement pour cause d'être sortie de la salle d'entraînement. Il se peut que cette personne soit votre plus gros client. J'ai vu un millionnaire vêtu d'un jeans troué rentrant et achetant la moitié du magasin.

16- Ne critiquez jamais même silencieusement. Vos pensées peuvent devenir apparentes dans votre ton de voix ou votre langage corporel. Si vous n'aimez pas un client, il y a des chances qu'il s'en aperçoive et qu'il ne vous apprécie guère non plus ce qui réduira considérablement vos chances de faire une vente.

17- Apprenez à visiter les clients et les clients potentiels. Rentrez dans un magasin et amorcez une conversation anodine avec la personne au comptoir, faites-vous connaître. Pensez positivement. Si cette personne n'a pas d'intérêt pour ce que vous vendez, elle connaît peut-être quelqu'un que cela pourrait intéresser. Je ne pensais pas que les visites impromptues pouvaient être aussi bénéfiques à la vente jusqu'à ce que je le fasse. Personne n'y est habitué et personne ne vous jettera en dehors de son magasin. Même si vous vendez des voitures, vous pouvez rentrer dans un magasin et entamez une conversation avec les vendeurs. Parlez à tous ceux qui conduisent la même marque automobile que celle que vous vendez. Si vous êtes en immobilier, parlez aux gens du marché immobilier. Si vous êtes un agent d'assurance, passez du temps chez des détaillants et commencez une conversation. Même si vous êtes un vendeur, commis en magasin, vous pouvez visiter d'autres magasins et parler à vos voisins. Parfois, ils ne savent même pas ce que vous vendez. Ou bien, parlez aux autres vendeurs de vos techniques de vente et échangez des idées durant vos jours de congé. Vous serez remarqué et différent. Souvent, c'est de se faire démarquer qui aide à la vente. Promenez-vous toujours avec vos cartes professionnelles avec votre nom bien identifié et distribuez-les partout.

18- Ne soyez pas réactifs, mais proactifs. Beaucoup attendent que le téléphone sonne. Appelez vos amis, voisins, anciens collègues, membres de votre famille et demandez-leur s'ils connaissent des gens qui pourraient être intéressés par ce que vous vendez; ainsi, augmentez votre réseau.

19- Ne vous limitez pas à un territoire. Souvent des vendeurs de détails se limitent à ne vendre qu'au détail. Et si la compagnie qui ouvrait à deux pas de chez vous nécessitait toute une nouvelle flotte de voitures que vous vendez. Vous pourriez décrocher un immense contrat et vendre beaucoup à un client à la place de vendre individuellement.

20- Soyez toujours prêts. Ayez vos cartes professionnelles prêtes (et contrat) où que vous alliez. Combien de fois ai-je participé à des réunions d'affaires et de réseautage durant lesquelles plusieurs personnes n'avaient pas apporté leurs cartes. Ayez-les toujours prêtes.

21- Soyez créatif. Pensez toujours à de nouveaux moyens de prospecter et de provoquer l'intérêt de vos clients. Créez une brochure personnalisée, pamphlet. Asseyez-vous avec vos enfants et imaginez ensemble des moyens amusants qui feraient en sorte de vous distinguer de la concurrence.

22- La première dernière impression est aussi vraiment importante. Faites attention à la manière dont vous quittez votre client. La première et dernière chose qu'il voit et entend, il s'en souviendra le plus. Rappelez-vous de laisser une bonne impression qui dure.

23- Connaissez votre produit. Apprenez, apprenez, apprenez. Apprenez tout ce qu'il y a à savoir sur votre produit. Plus vous en savez, plus vous aurez de chance d'avoir du succès. Vous aurez l'air sérieux et professionnel. Vous voulez être l'Expert, LE spécialiste, celui que vos clients vont conseiller vers qui tout le monde veut se tourner avec confiance. Si vous clients font confiance à votre avis d'expert, à quel point pensez-vous que cela vous aidera dans vos affaires?

24- Aimez ce que vous vendez, utilisez les produits ou services que vous offrez, aimez votre emploi. Quand les clients s'aperçoivent que vous utilisez le produit que vous vendez et que vous êtes enthousiaste, ils seront beaucoup plus confiants à l'acheter eux-mêmes. Si vous prenez le temps d'en savoir plus sur votre produit, votre client vous considèrera comme un professionnel qui croit en ce qu'il fait, qui est impliqué dans son travail et honnête. Vos clients voudront faire affaires avec vous sur le long terme, car vous n'offrirez pas l'impression de quelqu'un qui est à son poste dans l'attente de quelque chose de mieux ou qui n'a rien trouvé de mieux à faire.

25- Aimez vos clients. Rappelez-vous que de vendre, c'est d'abord d'offrir un service et non vendre un produit. Pensez d'abord aux avantages que vos clients retireront et non aux bénéfices que vous empocherez.

26- Soyez une annonce publicitaire ambulante pour votre produit ou service. Peu importe ce que vous vendez, vous pouvez le publiciser sur votre voiture, votre T-shirt, sur votre terrain... Distribuer des cartes d'affaires ou des brochures partout, vous ne savez pas qui sera votre prochain client. Et si vous avez une annonce sur votre voiture, faites attention à la manière dont vous conduisez. Les autres conducteurs sont également des acheteurs potentiels.

27- Habituez-vous à sortir de votre zone de confort. Vous avez besoin de faire face à vos insécurités. Vous avez besoin d'essayer de nouvelles choses. Vous avez besoin de faire le saut et essayer ce que personne n'a essayé avant vous, car c'est ainsi que vous vous ferez remarquez. Rappelez-vous que vos clients potentiels sont sollicités des centaines de fois par jour. Il faut que vous captiez leur attention. Vous allez devoir changer vos vieilles habitudes de vente qui ne vous apportaient plus assez de résultats en nouvelles habitudes qui vous verront grimpez au sommet du palmarès!

28- Croyez que vous pouvez. Vous avez besoin de développer une confiance en vous indestructible. Vous devez croire que vous êtes le meilleur. Et soyez le meilleur, en apprenant davantage et développant votre service à la clientèle. Montrez une attitude confiante en tout temps. Jouez la comédie s'il le faut.

29- Quand vous faites des appels de prospections à froid, ne vous arrêtez pas entre les appels. Ne vous mettez pas à réfléchir en regardant votre liste client. Plus vous attendez, plus vous serez hésitant à faire cet appel. Vous vous mettrez peut-être même à penser à toutes les raisons pour lesquelles ce client refusera de vous acheter quoi que ce soit. Sautez sur le téléphone avant d'avoir la chance de vous mettre à penser.

30- Organisez votre semaine. Si vous avez besoin de faire des appels à froid, faites-les en milieu de semaine. Les gens n'aiment pas trop être dérangés pour de la sollicitation le lundi et pensent déjà au week-end le vendredi.

31- Rappelez-vous que le premier appel à un client potentiel est crucial. C'est votre unique chance de faire la meilleure première impression possible. Planifiez-la avec précaution. Pensez aux mots que vous allez utiliser, souriez et parlez lentement dans un ton bas, calme et souple. Votre ton reflète votre humeur et attitude. Vous pouvez même parler debout pour donner l'impression que vous avez plus d'assurance. Et surtout, souriez! La première impression de vos clients potentiels ne sera pas créée par ce que vous avez dit, mais la manière dont vous l'avez dit. Vous n'aurez que quelques secondes pour créer cette première connexion. Respirez profondément avant de parler et rappelez-vous les appels réussis que vous avez eus par le passé. Écrivez un script et répétez plusieurs fois avant de faire votre appel.

2 DÉVELOPPEMENT DES VENTES

Il est rare qu'une vente se produise dès le premier rendez-vous, même pour un article à prix moindre. Les gens ont de plus en plus tendance à comparer, hésiter, réfléchir. Un vendeur qui réussit est celui qui aidera le client à faire le meilleur choix.

32- Faites un suivi régulier. Restez en contact avec vos clients potentiels continuellement. Plus vous êtes dans leur esprit (sans toutefois exagérer) plus ils se rappelleront de vous quand le moment d'acheter sera opportun pour eux. Rappelez-vous que vous clients potentiels vous oublient rapidement. Gardez le contact.

33- Pensez ''long terme''. Comportez-vous comme si vous resterez dans cette entreprise pour le reste de votre vie, même si ce n'est pas votre intention. Traitez vos clients potentiels avec respect et attention en sachant qu'ils achèteront éventuellement de vous. Même si vous êtes commis chez un petit détaillant, traité vos clients avec soin et ils reviendront pour vous. Et, sachez que plusieurs vous suivront si vous changez d'entreprise.

34- Apprenez à connaître vos clients personnellement : son anniversaire, ses enfants, son conjoint. Intéressez-vous au sport qu'il pratique, ce qu'il fait comme passe-temps. Mieux vous connaissez votre client, plus vous saurez ce qui lui fait plaisir et plus vous aurez sa confiance quand il s'agira de faire un choix d'achat.

35- Connaissez l'occupation de votre client comme il faut. Même si c'est quelqu'un qui rentre dans votre magasin. Soyez pro actif, intéressez-vous à lui. Il s'est intéressé à vous. Vous ne savez pas ce qui l'amène. Peut-être est-il en train de planifier la décision de l'achat pour un groupe de collègues ou amis et vous pourriez avoir une très heureuse surprise. Si vous allez rendre visite à un client potentiel, renseignez-vous sur son entreprise et sur sa compétition. Trouvez la raison fondamentale pour laquelle il aurait besoin de votre produit ou service avant de vous rendre chez lui. Vous aurez déjà une longueur d'avance. Prenez le temps de regarder son profil sur Facebook, Linkedin ou d'autres médias sociaux. Vous pouvez même pousser ceci un peu plus loin (sans exagération) et créer un document personnalisé aux goûts de votre client montrant que vous avez fait vos recherches. Son égo sera touché et il sera impressionné.

36- Gardez à l'esprit que de développer les ventes c'est comme de vouloir avoir un rendez-vous galant. Vous devez faire tout ce qui est en votre pouvoir pour séduire votre client afin qu'il vous offre une première chance, un premier rendez-vous, un premier essai.

37- Ne tenez rien pour acquis. Si votre client regarde dans un coin de votre magasin, cela ne veut pas dire qu'il n'est pas intéressé par autre chose également. Il se peut que le client ne soit pas au courant de tout l'éventail de vos produits et services. En en sachant davantage sur votre client, vous pourrez mieux le servir.

38- Maîtrisez les faits. Si vous n'êtes pas certains à propos d'un aspect du produit que vous vendez, demandez, renseignez-vous. Ne mentez pas et n'exagérez pas devant votre client potentiel. Il pourrait perdre confiance en vous et vous risquez de ne jamais être capable de le récupérer. La confiance de votre client est l'élément de la plus important de la vente.

39- Passez de simple vendeur à consultant. Si vous êtes honnête et montrez de l'intégrité, vos clients se tourneront vers vous. Lorsque vous êtes un consultant. Vous aidez vos clients à faire le meilleur choix possible pour eux (et non pour vous). Si vous devenez un consultant, il se peut que vous conseilliez à vos clients de ne pas acheter aujourd'hui, il se peut fort bien qu'il devienne votre client le plus fidèle. Il vous suivra même si jamais vous changez d'entreprise. Pourquoi? Parce que vous n'aurez pas poussé un produit, mais vous vous serez occupé de ses besoins, dans son meilleur intérêt. Et vous en serez toujours récompensé sur le long terme.

40- Vendez la valeur et non le prix. Le prix consiste toujours un obstacle à la vente jusqu'à ce que le client comprenne la valeur de ce que vous offrez. Il est nécessaire que le client comprenne ce qu'il va obtenir pour le prix. Personne ne s'attend acheter une Ferrari au prix d'une Hyundai. Si le client continue à parler du prix plus bas du compétiteur, montrez-lui les différences (c'est aussi pour cette raison qu'il est essentiel de bien connaître son produit). Parfois, dépensez moins à court terme peut-être bien plus coûteux sur le long terme. Rappelez au client que la qualité est plus importante que le prix. S'il vous considère comme un expert, un spécialiste et un consultant, travaillant dans son meilleur intérêt, le client ne se questionnera plus sur le prix.

41- Fixez-vous des buts et des objectifs régulièrement. Il importe peu le domaine dans lequel vous vendez. Vous devez savoir combien vous voulez gagner et en combien de temps vous voulez créer ce montant d'argent. Vous serez bien plus motivé si vous gardez vos objectifs en tête.

42- Écrivez toutes les raisons pour lesquelles vous voulez devenir un meilleur vendeur et gardez-les avec vous. Il est important de connaître ce qui vous motive profondément à faire plus d'argent. Gardez votre but en tête et ce que cela signifie pour vous lorsque vous vous apprêtez à fermer une vente.

43- Pensez constamment à la règle du 20-80%. 80 % de votre revenu sont générés par 20 % de vos clients. Sachez reconnaitre vos gros clients.

44- Soyez différent et exceptionnel afin que votre client se rappelle de votre nom. Envoyez une lettre par la poste quand tout le monde envoie des courriels, ou bien même un télégramme ce que plus personne ne fait. Envoyez un café ou un cadeau à un client potentiel. Faites quelque chose de nouveau et excitant. Offrez plus que quiconque. Plus le client est grand, plus le ''wow'' que vous créez doit être grand. Si vous voulez vraiment vous procurer un gros client, utilisez de grosses techniques.

45- Devenez un spécialiste. Vous serez spécial. Apprenez tout ce qu'il y a à savoir sur votre produit et service et investissez en formation continue. Bravo, en achetant ce livre, vous avez déjà fait un de ces investissements. Devenez un professionnel dans votre domaine. Écrivez un article dans les journaux locaux. Les clients adorent savoir qu'ils parlent à un connaisseur.

46- Utilisez les médias sociaux pour faire vent de ce que vous faites. Écrivez un blogue à propos de votre profession. Accumulez les numéros de cellulaire de vos prospects et envoyez-leur des messages textes de temps en temps pour leur dire que vous avez du nouveau.

47- Impliquez-vous. Devenez membre d'un organisme de charité ou de clubs sociaux. Vous pouvez également rencontrer des clients potentiels là bas et aidez une bonne cause en même temps. Et apportez vos cartes d'affaires!

48- Recherchez les listes de clients qui ont été oubliés. Vous serez surpris combien de fois cela se produit. Vous pourriez trouver des clients passés qui n'ont pas été contactés. Rallumez le feu, suscitez leur intérêt à nouveau..

49- Joignez-vous à des clubs sociaux qui sont liés au domaine de votre profession. Si vous êtes vendeur automobile, trouvez une association de fans de cette sorte de voiture. Pensez aussi aux retraités. Beaucoup de gens les oublient, mais ils offrent un gros pouvoir d'achat et ils auront souvent le temps d'écouter votre pitch de vente.

50- Gardez vous informé de tout ce qui concerne votre domaine. Vous voulez être un champion. Vous voulez en savoir davantage que votre compétition, plus que vos collègues. Vous voulez devenir la personne ressource. Les clients adorent la personne ressource. Vous pourriez même ainsi être informé de la venue de nouveaux clients potentiels.

Slavica Bogdanov

3 PRÉPARATION

La préparation compte pour 90 % du résultat et l'excécution d'une tâche pour seulement 10 %. La préparation et l'organisation sont des éléments essentiels au succès en vente.

51- Déléguez. Trouvez-vous un assistant qui remplira votre paperasse, s'occupera des retours d'appels insignifiants, écrira les contrats, enverra des cadeaux et des cartes... Vous êtes un vendeur! Votre spécialité est la vente. Le reste vous coûtera de l'argent et sera une perte de temps. Rappelez-vous que plus vous en faites, moins vous le faites comme il faut.

52- Soyez excellent avec votre gestion du temps. Voyez: *101 Easy Ways to Save Time Every Day* pour en savoir plus là dessus.

Rappelez-vous qu'il vous faudra parfois plus de temps pour accomplir une tâche et le client prendra s'ouvrant plus de temps que prévu pour vous revenir avec une décision

53- Arrêtez le bavardage de couloir avec vos collègues. Beaucoup de vendeurs se cachent derrière d'autres vendeurs ayant peur des clients potentiels qui franchissent la porte d'entrée. La seule personne qui ne perd pas son temps adossé à la cafetière en se plaignant de la possibilité du refus d'un client. Les vendeurs qui ont le temps de bavarder ne sont pas le genre de collègues avec lesquels vous allez passer du temps constructif.

54- Passez du temps avec les vendeurs à succès. Vous aurez du mal à leur parler, car ils passent leur temps à vendre. Alors, copiez leurs méthodes, regardez comment ils travaillent et s'occupent de leurs affaires et faites pareil autant que possible.

55- Organisez votre journée afin de faire des tâches similaires les unes après les autres. Regroupez, par exemple, les moments pendant lesquels vous allez faire de la vente au téléphone; puis ceux pendant lesquels vous répondez aux courriels. Vous dépenserez beaucoup moins d'énergie si vous passez pas continuellement d'une tâche à l'autre.

56- Connaissez à fond ce qui vous rend unique votre *Unique Selling Proposition* (USP).

Pourquoi vous choisir vous? Qu'est-ce qui vous rend spécial? Qu'est-ce qui vous différencie de la compétition? Vous pouvez demander à vos clients existants de l'aide afin de créer cette liste primordiale.

57- N'acceptez jamais de rendez-vous instantanés avec votre client. D'un, vous devez avoir l'air occupé, votre temps est aussi précieux. Deuxièmement, vous devez être bien préparé quand vous rencontrez votre client.

58- Tenez compte de la circulation quand vous organisez des rendez-vous. Essayez de faire en sorte de perdre le moins de temps possible entre deux rendez-vous sur la route. Il y a des vendeurs qui sont si heureux d'avoir obtenu un rendez-vous et ont si peur de décevoir leur client qu'ils n'osent pas choisir l'heure du rendez-vous et se retrouve à perdre la moitié de leur journée à conduire d'un bout à l'autre de la ville. Votre temps est précieux et vous devriez le faire savoir au client. Gardez à l'esprit que vous êtes un consultant qui aide son client à prendre la meilleure décision possible. Vous lui rendez service et c'est pour ça que vous êtes payés. En gardant en tête que vous l'aidez, vous serez moins à sa merci.

59- Créez des présentations époustouflantes. Personnalisez vos présentations avec le logo du client et faites en sorte de tenir compte de ses besoins. Aussi, montrez votre valeur en ajoutant des témoignages de clients satisfaits. Créez une grille comparatrice entre votre compagnie et celle de votre compétiteur en comparant objectivement les pour et les contres. Créez une page spécifique qui traite spécifiquement des avantages à faire affaires avec vous, l'expert, et avec votre compagnie. Placez son logo partout, même sa photo s'il le faut. Soyez créatif et original. Ajoutez des statistiques si vous en avez. Vous pouvez faire parler les nombres de biens des manières différentes et souvent à votre avantage. Utilisez-les sans en faire votre seule arme.

60- Parlez au client du ''pourquoi'' de votre produit ou service, la raison profonde pour laquelle il existe, comment il en a aidé d'autres, l'historique de l'entreprise, et pourquoi vous l'aimez autant. Rappelez-vous que les clients pensent avec leur tête, mais prennent une décision en suivant leurs émotions. En parlant du ''pourquoi'' derrière le produit ou service, vous parlerez avec votre coeur et votre passion deviendra contagieuse. C'est ainsi que des entreprises telles que Apple ont développé leurs stratégies de vente et ont réussi à surpasser la compétition.

61- Les clients n'oublieront jamais comment vous les faites sentir. Faites les sentir importants, car ils le sont.

62- Sachez tout ce qu'il y a à savoir sur votre compétition. Visitez-les et posez-leur des questions. Apprenez leur force et tirez-en profit pour vous améliorer. Ne tenez jamais rien pour acquis. Les perdants d'hier pourraient s'accaparer vos clients demain.

63- Soyez honnête envers vous-même. Regardez vos faiblesses et travaillez à les améliorer. Apprenez ce qui ne va pas à 100 % avec votre produit ou service et améliorez-le. Rien n'est parfait. Connaissez les problèmes autant que les qualités. Vous pouvez même en faire part à vos clientes. Ils auront une plus grande estime pour vous, car vous dégagerez de la confiance en vous et en votre produit.

64- Répétez votre pitch de vente. Vous pouvez demander à un ami d'écouter votre présentation. Les meilleurs vendeurs répètent sans relâches.

65- Une bonne préparation rime avec la connaissance approfondie des besoins de vos clients afin de savoir quoi lui offrir afin de satisfaire ces besoins. Vous pouvez écrire toutes les questions que vous avez avant de rencontrer le client. Il sera impressionné de voir que vous êtes intéressé et préparé. Si vous êtes à un endroit où les clients potentiels vous rendent visite, préparez des questions types. Ils seront surpris et prendront peut-être le temps de répondre vu qu'on leur demande rarement leur avis. Préparez environ 25 questions spécifiques que vous voulez poser à votre o et les besoins que vous souhaitez découvrir afin d'être certains que le produit ou service que vous offrez satisfasse ce besoin.

66- Préparez-vous mentalement afin de montrer une attitude positive. Prenez du temps avant la rencontre pour vous remémorer tous les moments ou vous avez fait de superbes ventes. Augmentez votre niveau d'énergie en écoutant de la musique positive. Visualisez la rencontre parfaite où le client signe le contrat de vente. Commencé votre journée avec une attitude de gagnant. Débutez chaque entretien comme s'il s'agissait d'une vente ferme. Avant que vous vous en aperceviez, vous augmenterez votre rendement. Garder un monologue positif constant dans votre esprit à tout moment.

67- Planifiez trois à quatre rendez-vous par jour durant les jours où vous allez en rendez-vous. Ne remplissez pas trop votre agenda pour ne pas vous brûler, mais afin d'offrir un service de qualité à chaque client. Deux rendez-vous par jour sont parfois bien insuffisants. N'oubliez pas qu'il s'agit d'un jeu ou le nombre le plus grand gagne.

4 RENCONTRER LE CLIENT

Vos clients sont votre pain et beurre et ce qui compte le plus pour votre entreprise. Gardez ceci à l'esprit en tout temps. Cela semble évident à priori, mais beaucoup de vendeurs l'oublient.

68- Avant de rencontrer votre client, écrivez exactement ce que vous espérez du rendez-vous: est-ce un premier rendez-vous où vous apprenez à connaître votre client, une proposition de vente, une demande de référence …Si vous ne connaissez pas le motif profond et ce que vous voulez obtenir à l'issue du rendez-vous, vous n'obtiendrez rien. Il ne s'agira que d'une conversation anodine et votre client pourrait même en être frustré et considérer cela comme une perte de temps. Vous êtes le vendeur et, donc, le client s'attend à ce que vous soyez préparé. Il en tient qu'à vous d'orienter la conversation. Rappelez-vous que vous pouvez fermer une vente à chaque rendez-vous, même au premier. Par conséquent, ayez votre contrat à portée de main.

69- Les 10 premières secondes qui suivent la première rencontre avec un client sont cruciales pour la suite. Une grande partie de la décision finale sera prise à ce moment, lors de la première impression. Souriez, tenez-vous bien droit, secouez la main fermement, mais sans vigueur excessive et présentez-vous brièvement. Vous devez irradier de confiance en vous. Soyez de la meilleure humeur possible.

70- Apportez un cadeau, un café ou faites des blocs-notes avec le nom de son entreprise. Il y a un effet psychologique immense lorsque vous offrez un cadeau. Les gens se sentent inconsciemment en devoir de vous rendre la pareille.

71- La connexion entre vous et votre client compte pour 85 % de la relation et 15 % de votre succès dépend de votre présentation de vente. Les meilleurs résultats viendront quand le client aura confiance en vous. La confiance se bâtit sur la construction de la connexion, de votre rapport. Quand une personne sent qu'elle peut s'identifier à vous, elle se sentira plus près et plus en confiance. Vous pouvez même imiter certaines de ces tiques, la façon de parler, le même niveau de langage (en excluant les grossièretés) et ses mouvements corporels.

Inconsciemment, l'autre se sentira connecté. Vous pouvez aussi toucher le bras de l'autre par moment ce qui aura également pour effet d'accroître la connexion.

72- Montrez vos défauts. Parlez de certaines de vos gaffes et riez-en. Cela mettra le client plus à l'aise : le fait que vous êtes ouvert et que vous n'avez pas peur de vos défauts montre plus de confiance en vous. Rien n'attire plus de méfiance que quelqu'un qui a l'air parfait. Ceci vous donnera l'air plus honnête. Le rapport avec votre client sera accru et, par conséquent, la confiance dans le produit ou le service que vous offrez prendra de la valeur.

73- Le client vous achète avant d'acheter votre marchandise. Si le client ne sent pas en confiance avec vous, vos chances de vendre sont minces. Faites en sorte que le client se sente bien. Mettez-le à l'aise, bien dans sa peau. Faites-le sourire et rire. L'humour est un moyen efficace de briser la glace et de gagner la confiance du client. Parlez au client de ses vacances, il se mettra à les visualiser et sera automatiquement dans un autre espace-temps et il associera inconsciemment ces moments de bonheurs avec votre rencontre. Il deviendra plus ouvert et relaxe.

74- Ne buvez de l'alcool en aucune circonstance. Si vous invitez votre client pour le lunch ou le dîner, ne buvez pas. Plusieurs vendeurs se laissent aller à avoir un verre ou deux avec le client pour les aider à relaxer. Cela envoie deux messages négatifs au client : vous n'avez pas assez de contrôle et vous n'avez pas assez de confiance en vous. Aussi, vous pourriez faire une bêtise par manque de contrôle et perdre l'opportunité de fermer une vente. Votre client n'est pas un ami, mais un client, même lorsque vous l'invitez à une sortie.

75- La première rencontre est entièrement axée sur le client. Posez autant de questions que vous avez préparées. Demandez lui ouvertement si ce dont vous lui parler a de la valeur à ses yeux. Expliquez-lui que vous êtes là pour lui et que vous ne voulez pas perdre votre temps ni le sien. Posez beaucoup de questions et prenez des notes. La première rencontre concerne le client et vous devez le faire parler. Je vois beaucoup de vendeurs dans les magasins à rayon qui disent un `bonjour`timide et vont se cacher au fond de la salle. Vous devez être proactif! Offrez un compliment, brisez la glace, commencez une conversation, demandez ce dont la personne a besoin, ce qu'elle recherche, comment elle peut perdre moins de temps grâce à vous....

76- Mettez-vous dans la peau du client. Comment aimeriez-vous que le vendeur parfait se comporte?

77- Rappelez-vous que la plupart des gens ont une capacité d'attention de moins de 20 minutes et se rappelleront probablement que du quart de ce que vous leur avez raconté. Votre client pense aussi à ses propres idées, son argent, ses problèmes... tenez-vous-en à l'essentiel et gardez votre présentation courte et précise. Vous pourrez préciser votre pensée quand vous aurez aiguisé la curiosité du client. Ne perdez pas le temps de votre client en arrivant en retard ou en lui prenant trop de temps. Mettez-vous d'accord sur la durée du rendez-vous et tenez-vous-en. Rappelez-vous que, vous aussi, vous êtes occupé et que votre temps est également précieux.

78- Regardez toujours votre client dans les yeux. Un regard évasif peut démontrer d'un manque de confiance en soi, de l'insécurité. Cela aussi peut donner l'impression que vous n'êtes pas sûr de ce que vous racontez ou que vous mentez. Dans tous les cas, vous risquez de perdre la confiance de votre client et, conséquemment, une vente.

79- Répétez le nom du client souvent. Cela fera en sorte que le client se sent bien et donnera l'impression que vous offrez un service personnalisé.

80- Racontez une histoire sur votre produit qui soulignera comment il est venu en aide ou au service d'autrui. Vous pouvez incorporer des statistiques et des nouvelles entendues dans les médias. Ainsi, cela ne ressemblera plus à un discours monotone.

81- Rappelez-vous de montrer en quoi cela aide le client, quels bénéfices et avantages il peut y trouver. C'est l'élément essentiel de votre présentation. Vous ne vendez pas des qualités, vous vendez des bénéfices. Le fait d'expliquer au client que votre voiture comporte 4 cylindres est une qualité. De lui dire que ce moteur va lui faire économiser de l'essence, c'est un bénéfice. Dites à la cliente qu'elle a l'air plus élégante dans la paire de chaussures et non seulement la taille du talon. À chaque fois que vous présentez une qualité, pointez l'avantage que cela représente pour le client, le bénéfice qu'il en retirera..

82- Mettez-vous d'accord avec votre client sur la prochaine étape. Présentez-lui vos attentes à ce qui devrait se produire lors du prochain rendez-vous. Assurez-vous qu'il n'y a pas eu de malentendus pendant la présentation. Répétez les réponses du client au besoin pour vous assurer d'avoir bien compris. Mettez au clair quoi que ce soit avant que cela ne devienne un malentendu. Prenez votre temps pour être certain que vous offrirez le meilleur service possible. Mettez-vous d'accord que ces rencontres ont pour objet la fermeture d'une vente et qu'au prochain rendez-vous, vous allez lui faire une offre basée sur ses attentes.

83- Après coup, prenez le temps de réviser l'appel ou le rendez-vous. Posez-vous deux questions essentielles : quelles sont les 5 choses que j'ai vraiment bien réussies?

Quels sont les 5 éléments à améliorer? Écrivez vos réponses. Travaillez à ne pas refaire vos erreurs et développer vos réussites.

84- Faites toujours un suivi après votre rendez-vous. Envoyez un mot de remerciement par exemple. Le lendemain au plus tard. Soyez original et différent. N'envoyez pas qu'un simple courriel, envoyez une vraie carte. Faites un suivi régulièrement.

85- Rappelez-vous des dates importantes qui concernent votre client et envoyez-lui un petit cadeau. Il peut être petit, car c'est le geste qui compte et qui vous fera vous démarquer. Et il se peut qu'il montre le présent autour de lui, ce qui vous fera de la publicité à très peu de frais.

86- Gardez votre client satisfait. Cela semble bien plus facile à dire qu'à faire. Mais, cela en vaut la peine. Il est beaucoup plus difficile de trouver un nouveau client que dans garder un existant. Garder le maximum de vos clients existants afin de ne pas avoir à aller en chercher autant de nouveau. Récompensez vos clients les plus gros régulièrement. Faites-leur savoir qu'ils sont importants, cela flattera leur égo. Invitez-les à un petit déjeuner. Gardez en tête que votre compétition aussi veut se les arracher.

87- Rappelez-vous de ne jamais faire de promesses que vous ne pouvez pas tenir et de toujours offrir plus que ce que vous ne promettez.

5 FERMETURE

La raison première pourquoi certains vendeurs n'ont pas de succès qu'ils aimeraient avoir est qu'ils ne sont pas capable de fermer une vente. Rappelez-vous qu'après tous les jeux et rendez-vous avec votre client, le but essentiel est de vendre et non de vous faire un nouvel ami.

88- Restez confiant: restez droit et gardez le sourire. Apprenez à vous taire.

89- Soyez prêts pour les objections. Avant même de rencontrer le client, écrivez toutes les objections qui pourraient naître et soyez prêts à y répondre..

90- Découvrez les objections de votre client avant qu'il ne les expose. Vous pouvez demander à votre patron ou à vos collègues qu'elles sont les objections habituelles pour être fin prêt. Vous pouvez même être proactif en les ayant déjà incorporé dans votre pitch de vente en disant, par exemple : ''vous pourriez craindre que....'' ''mais les statistiques démontrent que...'' Votre client potentiel sera impressionné que vous ayez répondu à une de ses inquiétudes en avance et vous aurez plus de chance de fermer votre vente plus tôt.

91- Répondre aux objections: une objection de la part de votre client n'est pas faite dans l'espoir de vous voir déballer tous vos arguments. Une objection est le signe que votre client a une peur cachée et une inquiétude. Soyez sûr de répondre en profondeur à la première question que le client vous posera. Si vous n'y répondez pas adéquatement, elle fera ultérieurement l'objet de sa première objection.

92- La première objection est rarement la vraie objection. Vous avez souvent besoin de creuser beaucoup plus en profondeur pour découvrir la vraie peur enfouie qui se trouve dans chaque client. Pour contrer une objection comme il se doit, commencer par répéter au client l'objection qu'il vient d'émettre en ajoutant un `je comorends que...`et ajouter un ''cependant'' ou quelque chose de similaire; ''qu'arriverait-il si j'arrivais à suprimer ce problème''? ''Y aurait-il autre chose qui vous empêcherait de faire cet achat ?'' Continuez de la sorte jusqu'à ce que vous soyez arrivé à ce qu'il n'y a plus aucune objection possible. Ainsi, vous pourrez y répondre en un seul bloc à la place d'y aller par objection et contre-objection, ce qui est bien plus épuisant. Pour chaque objection à laquelle vous répondrez (et c'est là que la préparation et la connaissance de son produit comptent pour beaucoup), demandez au client si votre réponse est satisfaisante. Il est rare qu'une vente se fasse sans cette progression.

93- L'objection principale, dans la plupart des cas réside dans la peur d'avoir tort et de faire une erreur que tous les clients éprouvent, se sentir stupide ou perdre leur emploi à cause de cette décision. La plupart du temps, les objections concernent vraiment la peur de ne pas être assez informé pour faire le bon choix. Votre rôle est de faire en sorte que le client est assez confiance en vous pour qu'il se sente en de bonnes mains. Aussi, il est nécessaire pour vous de comprendre leur inquiétude avec de la compassion et de l'honnêteté. Troisièmement, vous devez répondre à cette inquiétude en démontrant la valeur du produit que vous offrez.

94- Écoutez. Vous devez écouter attentivement avec vos oreilles et vos yeux pour bien saisir les mots ainsi que le langage corporel du client. Soyez attentif à tout ce qu'il dit et fait. Prenez le temps de voir s'il vous envoie des signaux d'achats (comme de se renseigner sur le prix, la livraison ou une couleur particulière en stock, par exemple) Regardez à sa posture. A-t-il prêt à recevoir ou complètement fermé et sur la défensive, avec les bras croisés sur le thorax.

95- Demandez la vente. Beaucoup de vendeurs se rendent chez le client à maintes reprises, mais ne savent pas demander la vente. Vous perdez le temps de votre client et le vôtre. N,ayez pas peur que le client vous dise ''non''. S'il le fait, cela veut dire que vous n'aurez pas montré assez de valeur. Vous ne mourez pas d'avoir demandez la vente. Le mieux qu'il se produit est que le client signe votre contrat. N'est-ce pas le but ultime?

96- Ayez un contrat sous la main! En tant que gérante des ventes et développement des affaires, j'ai déjà vu de mes vendeurs se rendre au rendez-vous sans leur contrat, ou alors un contrat non rempli. Préparez-le avant de quitter votre bureau. Ainsi, vous aidez le client à passer le cap et à signer. Rendez la vie la plus facile à votre client. Apportez un stylo. J'ai vu des vendeurs oublier ça aussi.

97- Regardez votre client dans les yeux lorsque vous demanderez de signer ou accepter la vente. La plupart des gens ont beaucoup de mal à refuser lorsqu'il se sent confronté à un regard honnête et persistant. Si votre regard est furtif, cela démontrera un manque de confiance en vous ou en votre produit.

98- Dite à votre client que vous voulez travailler avec lui. Dites-lui que vous travaillerez pour l'avoir comme client. Demandez lui ce que cela prendrait pour qu'il accepte de travailler avec vous. Pensez souvent en terme de relation amoureuse. Comme si vous draguiez une personne et souhaitiez la convoiter. Soyez honnête et ouvert. Ne jouez pas les innocents: vous connaissez tous deux le but de vos rencontres et s'il vous a rencontré une ou plusieurs fois, c'est que votre client avait un intérêt. Donc, soyez franc et direct par rapport à ce que vous souhaitez avoir.

99- N'hésitez pas à être insistant. C'est aussi de votre temps qu'il s'agit et vous ne voulez pas le perdre à jouer à cache-cache. N'oubliez pas que vous êtes là pour aider votre client, lui rendre la vie plus facile et lui apporter de la valeur. Il doit apprécier le temps que vous y avez passé pour lui offrir cette opportunité.

100- Taisez-vous! Fermez là! Le manque de silence est la raison principale de la non-fermeture d'une vente. Vous avez fait votre proposition. Maintenant, attendez la réponse. Arrêtez de parler. Le silence est l'outil le plus efficace, car tout le monde en a peur. Tout le monde se sent inconfortable devant le silence, même votre client. Il est nécessaire afin que votre client puisse tranquillement prendre sa décision. Laissez-le trouver d'autres objections. Lorsqu'une proposition est sur la table, la personne qui brise le silence a perdu la bataille. Dans n'importe qu'elle circonstance, celui qui brise le silence s'annonce vaincu. Comptez les secondes dans votre tête si nécessaire pour tenir votre cerveau occupé alors que vous attendez. Vous avez besoin de laisser le client penser à l'offre que vous venez de lui faire, le laissez calculer, être certain qu'il peut se permettre ses dépenses. Taisez-vous! Entre chaque objection que vous avez contrée, laissez un silence! C'est primordial pour augmenter vos chances de succès. Faites tout ce que vous avez à faire pour apprendre à vous taire.

101- Rappelez-vous que la persistance vient à bout de la résistance. Dans la plupart des cas, une vente se conclut seulement après la troisième rencontre (sauf chez les détaillants qui peuvent avoir des résultats plus rapides). La plupart des vendeurs s'arrêtent au bout du deuxième essai. La plupart des clients acceptent une rencontre après le sixième voire même la huitième tentative. N'abandonnez pas! N'oubliez pas qu'ils reçoivent de nombreuses offres. Apprenez à accepter le ''non'' comme une raison de plus de chercher un ''oui''.

102- Continuez de faire des propositions. Si votre client a dit non à une proposition, elle ne vous a pas dit non à vous en tant que vendeur. Peut-être qu'un autre produit peut lui faire plaisir ou une proposition moins coûteuse.

103- Lorsque vous fermez la vente, entendez-vous sur la marche qui va suivre par la suite. Ne vous enfuyez pas avec le contrat signé sous le bras tout souriant en laissant votre client en plan. Montrez-lui le service à la clientèle qui vous fera vous démarquer encore davantage. Ménagez les attentes du client et répondez aux questions engendrées sur les étapes à suivre maintenant qu'il a fait l'achat.

104- Demandez à votre client ce qu'il pense de vous et de votre approche en vente. Dites-leur que vous accueillez les critiques afin de pouvoir toujours améliorer votre service. Demandez des références. Si votre client est satisfait du produit ou de votre service, il connaît sûrement d'autres personnes qui pourraient en bénéficier. Demandez le nom de trois personnes à qui vous pourriez "rendre service" la prochaine fois que vous rencontrerez votre client.

105- Demandez des témoignages. Faites savoir à votre client que vous souhaitez que d'autres bénéficient de la même offre et qu'il peut vous aider dans ce sens. La plupart des clients seront ravis de vous venir en aide. Dites que vous mettrez le logo de leur entreprise bien en évidence à côté de témoignages ce qui sera une sorte de publicité gratuite en bonus..

106- Faites un suivi. Beaucoup de vendeurs se contentent d'une vente et reviennent rarement vers le client par la suite. Votre client a-t-il acheté une voiture? ne pensez-vous pas qu'il viendra un moment où il voudra l'échanger pour un nouveau modèle? Quel que soit le type de vente. Je connais des agents immobiliers qui ne font pas suivis après que la vente est complétée. Ces gens-là connaissent d'autres personnes et pourraient vous les référer. Ces gens-là vont acheter ou vendre encore. Ils connaissent d'autres gens qui vont faire de même.

107- Survendez. Beaucoup d'agents en vente se sauvent avec le contrat existant comme des voleurs et ne pensent pas qu'ils pourraient y rajouter d'autres éléments. Une fois que le client a dit ''oui'' il est facile de lui ajouter d'autres ''oui''.

CONCLUSION

J'espère que ce manuel vous a inspiré et grandement aidé à améliorer vos ventes. Il ne suffit pas de le lire, mais il est également nécessaire de ces conseils en pratique. Je vous garantis que vos ventes vont augmenter exponentiellement. En tant que vendeuse, j'ai utilisé ces méthodes et j'ai toujours été au top de mes ventes. Faites ce que je vous ai offert aujourd'hui dans ce livre, portez-le avec vous pour vous rappeler des recettes et vous aurez un succès fulgurant. Les gens se demanderont ce qui a changé chez vous.

Au bout du compte, ce que vous désirez, c'est d'avoir plus d'argent dans votre poche. Alors, mettez-vous au travail et suivez ces règles.

Rappelez, ce n'est qu'un jeu. Pour gagner le jeu, jouez-le, mais ne prenez pas trop au sérieux.

Si vous avez des questions ou des commentaires, contactez-moi à: http://www.slavicabogdanov.ca

J'aimerai beaucoup savoir comment j'ai pu vous être utile ou ce que vous me conseillez d'améliorer!

101 moyens faciles pour augmenter vos ventes

.

À PROPOS DE L'AUTEUR

Née à Belgrade, élevée à Paris; Slavica a complété une maitrise en histoire des communications à l'Université de Montréal. Elle a principalement travaillé dans des médias tels que la radio, les imprimés et la télévision en développement d'affaires ou en relations publiques.

Au début des années 90 et ce, pendant 3 années, elle a été critique littéraire et co-productrice de différentes émissions de radio.

En 1999, de retour après 3 années passées à Paris, elle crée le Mouvement pour la Paix dans les Balkans dans le but d'élever la conscience de la population canadienne et d'encourager le gouvernement à arrêter les bombardements en Serbie. Elle débute seule, en contactant tous les médias. Dès le lendemain et durant les 6 mois suivants, elle est interviewée par de nombreux médias locaux et nationaux. En moins de 2 mois, elle dirige une équipe de 30 personnes et rassemble une foule de 20 000 personnes qui la suit dans les rues de Montréal. Grâce à sa persévérance, elle rencontre les dirigeants des partis d'opposition au Parlement d'Ottawa. Cette expérience lui a appris que tout objectif peut être atteint avec détermination et persévérance et qu'une personne peut, à elle seule, faire une différence dans le monde.

De 2005 à 2007, elle est directrice du marketing et des relations publiques au conseil d'administration de la Chambre de commerce du comté de Prince Edward en Ontario. Entre autre, elle y lance et dirige plusieurs levées de fonds et elle amasse des sommes importantes pour un sanctuaire d'animaux.

Sa vie a toujours été orientée à vouloir inspirer les autres, que ce soit à travers la peinture, l'écriture (3 livres à son actif) ou les conférences et le coaching qu'elle offre depuis 2007.

Ayant étudié les plus grands auteurs sur le sujet du développement personnel durant de nombreuses années, j'ai combiné diverses méthodes prouvées efficaces de développement personnel et fusionné des connaissances spirituelles puissantes, des connaissances sur la physique quantique avec un savoir rigoureux méthodologique et disciplinaire afin de créer une méthode qui vous propulse au succès.

J'offre mes services en tant que conférencière sur:
La loi de l'attraction simplifée (mon produit exclusif)
La communication efficiente (mon produit exclusif).

http://www.slavicabogdanov.ca

NOTES:

101 moyens faciles pour augmenter vos ventes

Slavica Bogdanov

101 moyens faciles pour augmenter vos ventes